W0315841

Ute Scheffler

Schick mit SIBYLLE
Zeitlos modern

SIBYLLES ARBEITSBOGEN

BuchVerlag für die Frau

sibylle

sibylle

sibylle

sibylle

SIBYLLE

SIBYLLE
3/69

SIBYLLE

SIBYLLE

SIBYLLE
Aus dem Herbst/Winter-Angebot: Mäntel, Kostüme, Ensemble, Kleider
5/71

SIBYLLE
Trikotagen für groß und klein
Mode für zwei

SIBYLLE
Berliner Boutique

SIBYLLE
SIBYLLE MODELLE
NEUE ROMANTIK
STRICK BOUTIQUE

SIBYLLE
SOMMERMODE feminin und individuell

SIBYLLE
Make-up Herbsttrends
Designermode Neue Ansichten
Magie Frauenzauber

SIBYLLE

SIBYLLE
Die Kunst des Serge Lutens · Mode glänzend inszeniert
Schön für den Abend · Frauen fotografieren sich nackt

Eine Diva wird 60

Über Jahrzehnte sind sie das Non-Plus-Ultra weiblicher Begierde. Wer schick und modern sein will, hat immer mehrere im Haus ... Nein, die Rede ist weder von Handtaschen noch Schuhen, sondern von Modezeitschriften, genauer: von der ostdeutschen Legende SIBYLLE.

1956 erblickt sie – noch im Verlag *Die Wirtschaft* – das Licht der Welt. Namensgeberin ist die erste Chefredakteurin Sibylle Boden-Gerstner; Partner vom ersten Tag an das Modeinstitut der DDR. Noch in den 1950er Jahren findet das Magazin seine redaktionelle Heimat im *Verlag für die Frau*. In Leipzig und Berlin weiß man Mode in Szene zu setzen. Die großen Schnittmuster-Zeitschriften erscheinen hier: *Pramo*, *Saison*, *Modische Maschen* – und auch mit Schnittmustern kennt man sich aus. Letzteres ist für die frühen Jahrgänge der SIBYLLE jedoch noch keine Option.
In der ersten Ausgabe kann man lesen, mit welchem Verständnis die MacherInnen ans Werk gehen: *»Ich weiß natürlich auch, daß das, was ich Ihnen hier zeige, meist nicht im nächsten Geschäft an der Ecke auf der Stange hängt ... Ein gutes Modejournal hat immer den Ehrgeiz, der Konfektion wenigstens ein halbes Jahr voraus zu sein.«*, stellt Frau Boden-Gerstner 1956 sicherheitshalber gleich auf Seite eins klar. Aber bereits in den 1960er Jahren beginnt die SIBYLLE ihren eigenen, unverwechselbaren Stil zu entwickeln.
Wer heute SIBYLLE in die gängigen Suchmaschinen eingibt, stößt unvermeidlich auf den Zusatz *die Ost-Vogue*. Dabei wird dieses als Kompliment gemeinte Etikett ihr gar nicht gerecht. Der spätere Untertitel *»Zeitschrift für Mode und Kultur«* ist da viel treffender. Das Magazin zeigt nicht nur, wie sich Frau (und übrigens auch Mann) gut kleidet, sondern vermittelt gleich einen ganzen Lebensstil. Die Sicht auf Mode ist vom (DDR-)Alltag

bestimmt. Mode ist nichts Abgehobenes, Extravagantes, sie entsteht tagtäglich, individuell, kreativ. Dieses Verständnis wird von den FotografInnen konsequent in Szene gesetzt. Die Bilder sollen schön aussehen, aber nicht exaltiert oder künstlich, nicht *aufgedonnert* wirken. Eine der bekanntesten ostdeutschen Fotografinnen hat es in dem schlichten Satz zusammengefasst: *»Wir haben versucht, das Frauenbild zu zeigen, das unserem Ideal entsprach. Schön, klug, sinnlich, selbstbewußt, stark«.*

Die meisten der Sibylle-Fotografen (unter ihnen Mahler, Bergemann, Fischer, Melis, Rössler) kommen aus der Porträt- oder Reportagefotografie. Das sieht man den Fotografien, die nichts von ihrer Faszination verloren haben, bis heute an. Es sind Bilder, die im Gedächtnis bleiben. In ihnen wird etwas über Realität erzählt, über die Art und Weise, sich zu kleiden, zu verhalten. Mode in der SIBYLLE ist immer – zumindest fast immer – klassisch, vernünftig, tragbar. Ausgefallen, etwas verrückt sind höchstens die Accessoires.

Man weiß, dass es die gezeigten Modelle nicht einfach zu kaufen gibt, ebensowenig wie das, was da gezeigt wird, dem *realsozialistischen* Alltag entspricht. Es ist eine inszenierte Realität mit Anregungen zum Nacharbeiten. Logisch, dass in den 1970er Jahren der SIBYLLE-Schnitt in der Mitte der Zeitschrift erscheint.

Mangel macht eben auch erfinderisch, Planwirtschaft weckt eine unbändige Kreativität. Die ausgefeilten, leicht zu verstehenden und umzusetzenden Schnitte sind sozusagen das Tüpfelchen auf dem i.

Pramo und *Saison* bieten genügend Ideen zum Kreativ-Werden – aber die SIBYLLE-Schnitte sind eine ganz andere Liga. Sie kombinieren das allgegenwärtige Selbst-zur-Tat-Schreiten mit dem Modeanspruch der Zeitschrift: ein bisschen mehr Schick und Glamour, etwas mehr Individualität und ein Hauch von Luxus. Das, was auf den scheinbar so alltäglichen Fotos zu sehen ist, kann nun an der heimischen Nähmaschine selbst genäht werden. Keine *Vogue* der Welt bietet diesen Mehrwert.

Ja, die gelernte DDR-Frau weiß, wie sie mit ihrer *Veritas* umgehen muss und wo sie die benötigten Materialien ergattert. Und ja, das alles resultiert aus der unleugbaren Unfähigkeit der Planwirtschaft, sich auf die schnellen Wechsel im Modealltag einzustellen. Aber das hat der damaligen Mode etwas gegeben, das sie bis heute einzigartig macht: Der Trend des Selbermachens stiftet neue Identitäten.

Wer sich heute mit Vintage-Stücken ausstattet, macht dies, um sich dem allgegenwärtigen Mode-Diktat zu entziehen, um individuell zu sein. Und genau dafür sind die zeitlosen SIBYLLE-Schnitte die absolut richtige Wahl.

Als aus Damen Frauen wurden

Schaut man sich die SIBYLLE-Cover aus den fast vierzig Jahren ihres Erscheinens an, fällt vor allem auf, wie sehr sich die Frauen verändert haben. Oder die Sicht auf sie? Das in Pose erstarrte Mannequin, ganz Dame, ganz Ideal. Die selbstbestimmte, selbstbewusste Frau – sozusagen von *nebenan* – und am Ende wieder das ideale Model, bewusst verfremdet und entrückt.

Ist das nur die Sicht der Fotografen oder findet man das in der Mode, der Kleidung dieser Jahrzehnte wieder?
Was ist so faszinierend an der Mode der 1950er oder der 1970er Jahre?
Weshalb greifen die Designer immer wieder auf den Fundus modischer Ideen scheinbar längst vergangener Zeiten zurück? Vielleicht gibt ein kleiner Mode-Spaziergang durch die vergangenen sechzig Jahre Antworten ...

Elegant, raffiniert und klassisch

1950er Jahre

Ach, dieses wunderbare Jahrzehnt – zumindest, wenn man an Mode denkt. Frauen zeigen, was sie haben: Busen, Taille, Po ... und ja, auch ein wenig mehr Bein. Aber was heißt zeigen? Sie zelebrieren es mit strategisch platzierten Schleifchen hier, auffälligen Knöpfen dort, mit Gürteln und Push-ups, mit Taschen und Blenden, mit Bubikragen und verführerischen Ausschnitten.

Naja, denken Sie jetzt bestimmt, das ist doch alles ziemlich brav und bieder. Stimmt schon, aber es ist auch die Zeit der perfekten Dame. Hut und Handschuhe gelten als nicht zu diskutierendes Muss. Legere Kleidung ist ein Unding, selbst in den heimischen vier Wänden.

Zu Beginn des Jahrzehnts schnürt ein junger Designer namens Dior die Frauen wieder in Korsetts und bringt Wespentaillen mit weit schwingenden Röcken in Mode. Nun sind so kurz nach dem Krieg schmale Taillen nicht wirklich ein Problem, und diese neue Weiblichkeit trifft den Nerv der Zeit.

Die Röcke umspielen die Waden und werden schon in der nächsten Saison durch bleistiftenge Silhouetten ergänzt, die nur noch Trippelschrittchen erlauben. Das alles hat Klasse und kommt nicht nur in in der Modemetropole Paris gut an.

Als 1956 das neue Modejournal SIBYLLE seine Leserinnen gewinnen will, haben jedoch längst grundlegende Veränderungen begonnen. Die Frau ist nicht mehr an Haus und Herd gebunden. Vor allem östlich der Elbe ist ein Großteil von ihnen berufstätig.

»Sie hat aus ihrem Repertoire alles, was süßlich, naiv und puppig ist, gestrichen. Wir sagen ›Ja‹ zu dieser Mode, die sachlich, aber nicht nüchtern … liebenswürdig, aber keinesfalls verspielt ist. Sie respektiert den Tagesablauf der modernen, berufstätigen Frau … ohne an Eleganz, an Anmut zu verlieren.«

(Sibylle)

Vorbei sind die Zeiten der Tages- und Nachmittagskleider, der Tanztee- und Cocktailkleidchen, des feinen Ausgehkleides und der großen Abendrobe. Was aber niemals heißt, dass modischer Schick und Eleganz an Bedeutung verlieren. SIBYLLE weiß, was sie ihren Leserinnen schuldig ist. Sie blickt nach Paris und veröffentlicht zugleich ihren Wunschzettel für die Industrie: eine reiche Auswahl an Strumpfhosen, Schmuck, Dessous, Petticoats, bügelfreien Hemden und Blusen, modischen Gürteln, modischen Jacken, kurzen Herrenmänteln und – in allererster Linie – mehr Mut zur Mode (auch bei den Schuhen), Qualität und keine Ausreden. Für gut befunden wird all das, was ins modische Bild der Zeit passt: Röcke und figurbetonte Blusen formen die Körper, der Siegeszug des Kostüms beginnt. Stark tailliert, mit Schößchen und aufwändigem Revers, entspricht es den anspruchsvollen

Die 1950er Jahre

Unverzichtbar

- *Petticoat*
- *Stöckelschuhe*
- *Hut / Handschuhe*
- *Liquid-Eyeliner*

Das ist neu

- *Kunstseide*
- *Bustier*
- *Lippenstift mit Drehmechanik*

»Hüte sind ein Muß, sie passen farblich zu Handtaschen und Pumps.«
»Die Haare werden wieder kürzer und wellig getragen.«
»Lidschatten verschwinden, Rouge wird dezenter, flüssiger Eyeliner ziert das obere Lid, dazu ein roter Kußmund.«

Sibylle, 1956 – 1959

Wünschen. Zunehmend kürzere Röcke lenken den Blick auf die Beine ... und auf die Stöckelschuhe mit Pfennigabsätzen. Petticoats setzen die weiten Röcke unwiderstehlich in Szene.
Hosen, schmal und knöchellang, passen zu Freizeit und Urlaub.
Das bodenlange Abendkleid weicht knieumspielenden Kleidern mit tiefem Ausschnitt oder einer freien Schulterpartie. Tagsüber werden Faltenrock und Twin-Set oder Hemdblusenkleider, die mit einem Gürtel in Form gebracht werden, getragen, aber auch die hübschen Jäckchenkleider sind sehr beliebt.

Jung, frech und voller Charme

1960er Jahre

Was für ein Jammer, da geht sie hin, die damenhafte Eleganz, und überlässt der jugendlichen Nonchalance einfach so ihren Platz. Jugend ist nicht nur das Zauberwort für die Mode, Jugend mausert sich zum alles bestimmenden Idol. Die Röcke werden kürzer und kürzer, die Haare wieder länger. Anderssein, sich anders kleiden, denken, handeln als die Elterngeneration, bestimmt das Jahrzehnt.

Dabei beginnt es kaum anders als das vergangene Jahrzehnt endete. Kürzere Kleider gelten als modisch aktuell, der Petticoat und die schmale Taille bestimmen nach wie vor die Silhouette. Gürtel, Tasche, Handschuhe und Schuhe müssen in Form und Material dem Charakter des Kleides entsprechen, weiß SIBYLLE. Ein Glück, dass dieses strenge Modediktat seinem Ende entgegengeht. Bevor die internationale Modeszene zum großen Paukenschlag ausholt, moniert das ostdeutsche Magazin: *»Das Neue in der Mode findet nur noch in den Details statt, in jenen gewissen, reizvollen Kleinigkeiten, die weiblich und kokett sind ...«*

Doch Tücher, Bänder und Schleifen allein machen nun einmal keine Mode. Zum Glück stellt eine junge Londonerin alles auf den Kopf, was bis dahin als modisch galt – oder besser: auf lange Beine. Mary Quant präsentiert die ersten *Minis*.

Allerdings behauptet sie, dass ihr die *Erfindung* des Minirocks zu Unrecht zugeschrieben werde: Sie habe nur kopiert, was die Mädchen auf den Straßen getragen hätten. Ja, mit Sicherheit lag etwas *in der Luft* – und so gesellt sich zu den britischen Musikexporten *Beatles* und *Rolling Stones* die neue Modelinie.

»Die Hose nistet sich endgültig im weiblichen Kleiderschrank ein.«
»Beliebt ist das Kleid-Hosen-Ensemble, wobei das kurze Kleid auch einzeln getragen wird.«
»Kunstfasern wie Malimo, Dederon, Grisuten, Präsent 20 oder Wolpryla kommen in den Handel und bestimmen das Angebot.«

Sibylle, 1960 – 1969

Der kurze Rock sowie untaillierte Hänge- und Schulmädchen-Kleider machen Furore. Die Kleiderlänge verlangt nach Strumpfhosen, möglichst farbig, dazu werden flache Schuhe oder hohe, zum Teil bis übers Knie gehende Stiefel getragen.

Wer dem noch immer verbreiteten Vorurteil vertraut, dies alles gehe am Osten Deutschlands vorbei, irrt gewaltig.

Der neue Stil, der sich radikal von allem Bekannten, Vertrauten abgrenzt und einfach nur jung und sexy ist, erobert die Herzen im Sturm und passt hervorragend zum Bild der modernen, starken, selbstbewussten Frau, das die SIBYLLE seit den 1960er Jahren konsequent publiziert.

Die kräftigen Farben und geometrischen Muster – angelehnt an Pop- und Op-Art, auch wenn diese Begriffe natürlich nicht auftauchen – sind ebenso beliebt wie intensive Farbkontraste, großflächige Muster oder verspielte Blümchen. Faltenröcke, eher schon *Röckchen*, sind aus dem Straßenbild nicht mehr wegzudenken. Kombiniert werden sie mit Rippenpullis, selbstverständlich selbst gestrickt, oder mit Hemdblusen. Die frauliche Figur spielt dabei keine Rolle mehr. Nicht Busen, Taille und Po lenken die Blicke auf sich, sondern die Beine. Von nun an heißt das Ideal: flachbusig, schlaksig, langbeinig. Und es verlangt wie die Farben und Muster nach klaren Schnitten. So bekommt die A-Linie ihren ersten großen Auftritt. Die 1970er Jahre werden diese Schnitte mit weiten Ärmeln und breitem Schlag auf die Spitze treiben. Doch nicht nur die grellfarbigen und allgegenwärtigen Muster fallen ins Auge. Wo westlich der Elbe *Vinyl* und *Wetter-Look-Stoffe* getragen werden, kommen östlich der Elbe Kunstleder (Lederol) und Kunstfasern aus dem Chemieprogramm zum Einsatz.

Die 1960er Jahre

Unverzichtbar

- Haarbänder
- falsche Wimpern
- tiefschwarzer Kajal
- Schlaghosen
- Plasteschmuck
- große Ohrringe

Das ist neu

- Minirock
- Beat

Unbändig, bunt und ohne Tabus

1970er Jahre

Die Siebziger bringen auf den Punkt, was in den 1960er Jahren begann: schrille Farben, auffällige Muster und gewagten Materialmix. Nachdem die Mode sich auf die Jugend und ihren unkonventionellen Stil eingelassen hat, gibt sie dieses neue, kreative Betätigungsfeld nicht so schnell wieder her. Die Haute Couture ist passé. Die modischen Looks entstehen spontan. Was den ModegestalterInnen des Modeinstituts der DDR und der SIBYLLE-Redaktion nur entgegenkommt.

Der Minirock, aber auch lange Hosen oder Hosenanzüge, die mehr und mehr das klassische Kostüm ersetzen, gehören jetzt zur Grundgarderobe. Ein gewisses Liebäugeln mit historischen Schnitten und Formen lässt sich ebensowenig leugnen wie das Bemühen, Folklore alltagstauglich zu machen. Weite, lange Röcke mit Spitze am Saum oder mit Rüschen und Falbeln sind genauso beliebt wie bestickte Blusen.

Blumenmuster stehen hoch im Kurs, und manchmal werden selbst Hosen aus mehreren kleinen, gehäkelten, bunten Blumen zusammengesetzt. Dabei kommt es ganz besonders auf die Weite der Hosenbeine an. Auch bei den Männern. Ja, die Männermode verabschiedet sich von den klassischen Vorstellungen: *Anzug, Hemd, Krawatte*. Gestrickte und gehäkelte Pullover kleiden nun auch den modernen Mann. Hemden haben ein Blümchendesign oder Muster, von denen man noch ein paar Jahre zuvor gedacht hätte, dass der *gestandene Mann* so etwas nie tragen würde.

»Auffällig ist die Vielfalt der Teile, die nicht nur separat, sondern vor allem übereinander angezogen werden. Viel Gewickeltes, Geschlitztes, Bänder und Schnüre gibt es, und nach wie vor schwelgen die Modegestalter in der Folklore.« (Sibylle)

Lange Haare sind für ihn ebenso selbstverständlich wie für sie. Am Anfang noch glatt und gescheitelt, gegen Ende des Jahrzehnts gern auch mit dauergewellten Locken, die den angesagten Afro-Look ermöglichen.

Und noch etwas haben die 1970er Jahre zu bieten: Das Disco-Fieber bricht aus und kreiert eine eigene Mode. Einerseits will man sich herausputzen, andererseits viel Bewegungsfreiheit haben. Abbas *Dancing Queen* kommt mit Overalls und Lurex, mit knappen Tops und fließenden Kleidern auch im Osten an.

Die 1970er Jahre

Unverzichtbar
- Plateauschuhe
- Hosenanzüge
- Sonnenbrillen
- Kopftücher
- Batik

Das ist neu
- Hot Pants
- Disco
- Punks

Unabhängig davon wird genäht, gehäkelt, gestrickt, gestickt und gefärbt, gewebt und geknüpft, was das Zeug hält. Film und Fernsehen sowie Zeitschriften bieten ausreichend Ideen. Da lässt sich das recht einheitliche Angebot der Konfektionsindustrie besser verschmerzen: Irgendwie kann man aus allem noch etwas machen.

»Der nostalgische Blick auf frühere Modestile geht einher mit einer Vorliebe für exotische Länder.«
»Spaghetti-Träger, transparente Stoffe und tiefe Dekolletés lassen viel Haut sehen.«
»Glitzer-Make-up und Lip-Gloss machen den abendlichen Auftritt perfekt.«

Sibylle, 1970 – 1979

Glamourös, obsessiv und sportlich

1980er Jahre

Eben trägt jeder noch Schlaghosen und gehäkelte Westen, gibt es Blümchen und Rüschen überall, dazu Plateauschuhe sowie Unmengen Klimperschmuck – und schon stecken Frau und Mann wieder im klassischen Blazer, in Bundfaltenhosen bzw. schmalen Röcken. Dabei verzichtet frau völlig auf ihre weibliche Linie. Die neue Silhouette erinnert eher an ein auf den Kopf gestelltes Verkehrshütchen: Breite, überdimensionierte Schultern sind angesagt.

Es ist schon wahr: In den 1980er Jahren schreckt man vor nichts zurück. Stilbrüche sind an der Tagesordnung, ebenso wie die Mischung aus Pastell- und Neonfarben, Karottenjeans und Leggings. Von nun an bestimmen die Medien die Trends: Film und Fernsehen haben scheinbar mehr Macht als die Modedesigner.

Männer, die auf modische Outfits stehen, tragen pastellfarbene Blazer mit aufgekrempelten Ärmeln zu T-Shirt bzw. Hemden in kräftigen Farben und dazu auffällige Sonnenbrillen, wie man sie in *Miami Vice* sieht. Frauen sehen aus, als hätten sie den Kostümfundus der angesagten Fernsehserien *Dallas* und *Denver Clan* geplündert. Abends trägt frau figurbetonte Kleider in bunten und schillernden Farben aus synthetischen und gern auch durchsichtigen Stoffen. Und zwar im Westen *und* Osten. Das alles ist ebenso Teil des Lebens wie die Fitness-Welle, die zwar einen anderen Namen hat, aber dennoch Sportschuhe, Tennissocken und Stulpen straßentauglich macht.

Außerdem gehören Schlabberpullis, Haarbänder und Schulterpolster zur Grundausstattung jeder Power-Frau.

»Die Linie ist sportlich herb und im Detail nur von der üppigen Schulter bestimmt.«
»Angesagt sind körperferne, großzügig-bequeme Silhouetten. Trends der Freizeitkleidung erobern den Alltag.«
»Farben und Muster leuchten erst am Abend richtig.«

Sibylle, 1980 – 1989

Gern darf es auch bauchfrei sein, und selbst Männer zwängen sich in knallenge Radlerhosen und Netzshirts. Alles ist möglich: Derbes Leder oder grobe Stricksachen werden mit feiner Spitze gemixt, Turnschuhe zu feinen Kostümen und Dessous als Alltagsmode getragen.

Der Siegeszug der Jeans ist nicht mehr aufzuhalten, sie etablieren sich sogar als angemessene Kleidung am Arbeitsplatz. Selbst bei den Frisuren wird eher geklotzt als gekleckert. Ohne üppige Fönfrisuren, dem heute eher verspotteten *Vokuhila-Look* (vorne kurz, hinten lang) und Unmengen von Haarspray geht nichts.

Es ist aber auch das Jahrzehnt, in dem die SIBYLLE ihren ganz eigenen Stil gefunden hat, der sie von allen anderen Mode- und Schnittmusterzeitschriften im Land – auch international – abhebt. Die gezeigte Mode liefert Ideen; dass die Kleidungsstücke nicht immer im Handel erhältlich sind, ist dabei kein Manko. Schließlich ist man inzwischen seit Jahrzehnten daran gewöhnt zu improvisieren.

Die 1980er Jahre

Unverzichtbar

- greller Lidschatten
- kräftiges Rouge
- Neonfarben
- Schulterpolster
- Leggings
- Turnschuhe
- Söckchen

Das ist neu

- Fitnesstrend
- Walkman

Weiblich, überraschend und retro

1990er Jahre

Als die letzten zehn Jahre des 20. Jahrhunderts anbrechen, ist nichts mehr wie noch ein Jahr zuvor. Die DDR verschwindet von der politischen Landkarte. Der kalte Krieg geht seinem Ende entgegen. Plötzlich scheint alles möglich: Die Welt entdecken, Wünsche ausleben, Sehnsüchte erfüllen, jetzt, da die Wühltische der Kaufhäuser ebenso locken wie die angesagten Mode-Labels.

Irgendwie traurig, dass es im Abstand der Jahre wirkt, als habe die ostdeutsche Frau von einem Tag auf den anderen zusammen mit den Modezeitschriften ihres früheren Lebens auch ihren Ideenreichtum, ihre Eigeninitiative und ihr Stilgespür zum Altpapier gegeben. Eine völlig neue Situation auch für die SIBYLLE. Sie muss sich neu orientieren auf dem globalen Markt – ihre Leserinnen haben nun die Qual der Wahl. Bis in die Mitte der 1990er Jahre führen engagierte Redakteurinnen das Magazin in Eigenregie weiter, dann wird es wird still und stiller um das Vorzeige-Modemagazin Ostdeutschlands, schließlich kommt das wohl unvermeidliche Aus.

Am Ende des 20. Jahrhunderts ist Mode eine weltweit agierende Industrie. Von einem einheitlichen Trend, wie zum Beispiel in den 1950er Jahren, kann keine Rede mehr sein.

Viele, auch gegenläufige Stile bestimmen das Bild. Auf den Laufstegen folgt man dem modischen Understatement, auf den Straßen geht es dagegen experimentierfreudiger zu. Zu den Trendsettern Film und Fernsehen gesellt sich die Musikbranche. Vor allem Popstars geben die Richtung vor. Dem Hip-Hop verdankt die Mode tief sitzende und teilweise extrem weite Hosen, überlange T-Shirts, Basecaps, weite Daunenjacken und auffällige Turnschuhe.

»Gefragt sind Experimente, Intensität und Ehrlichkeit. Wichtiger als Trends ist die eigene Sicht, die Suche nach neuen Ausdrucksformen. Der Begriff Schönheit wird neu entdeckt. Gerade im scheinbar Unperfekten liegt der Reiz, alles Ungewohnte macht neugierig.«

(Sibylle)

Die Technoszene steuert die Vorliebe für grelle Farben, synthetische Materialien und bunte Haare bei.
Beliebt sind modische Elemente aus der Vergangenheit, umgesetzt mit leichten, strapazierfähigen Stoffen, die wie Folien aussehen; Teflon und beschichtete Baumwolle mit Lederoptik werden getragen. Angesagt ist die Kombination von extrem kleinen und extrem großen Kleidungsstücken. Zu kurzen, knappen Tops werden häufig weit geschnittene Hosen in Überlänge getragen. Dazu gehören Schuhe mit extremen Plateausohlen. Selbst Piercings und Tattoos sind von nun an salonfähig. Und dank Madonna mutieren die bisher dem *Darunter* vorbehaltenen Mieder und Corsagen zu neuen, modischen Oberteilen.

Die 1990er Jahre

Unverzichtbar
- *weite Hosen*
- *Second-Hand*
- *Bicolorfrisuren*
- *Tattoos*

Das ist neu
- *Supermodels*
- *Handy*
- *Internet*

Dieser *Unterwäsche-als-Oberbekleidung-Trend* führt zu einer Vorliebe für Bustiers und BH-Tops, aber auch für Mieder und Petticoats. Was die Omas und Mamas noch als Unterröcke trugen, gilt jetzt als stylisches Sommerkleid. Die jungen Frauen lieben den *Girlie-Look* mit den Schnitten, Farben und Mustern der späten 1950er und frühen 1960er Jahre.
Für Rocklängen gibt es keine Vorgaben mehr. Leggings kommen zu neuen Ehren, ebenso der Catsuit und Hüte.
Die Designer schicken Models auf die Laufstege, deren Namen bald jeder kennt: Kate, Claudia, Naomi oder Cindy sind die ersten *Supermodels* der Modegeschichte – und etablieren ein neues, nicht unumstrittenes Frauenbild.

»Unbeschreiblich weiblich, jung, verführerisch, aufregend oder einfach sexy.«
»Ein bißchen Nostalgie, ein bißchen Theater, die Mode verlangt Fingerspitzengefühl dafür, wie weit man es treiben darf.«
»Aktiv sein und zupacken können – in Kleidung, die etwas aushält.«

Sibylle, 1990 – 1995

Kultiviert, inspirierend und smart

2000er Jahre

Scheinbar ist alles bereits einmal da gewesen. Gibt es überhaupt das absolut Neue, noch nie Gesehene in der Mode? In den 2000er Jahren greifen die Designer eher auf Trends vergangener Epochen zurück und formen sie zu aktueller Mode um, interpretieren Bekanntes und Vertrautes neu. Stilelemente aus allen möglichen Zeiten und Kulturen werden aufgegriffen und gnadenlos gemixt. Dabei werden die Trends immer schnelllebiger.

Das 21. Jahrhundert startet mit einer medialen Sensation – zumindest in Sachen Mode. Mit *Sex in the City* bekommt die erfolgsverwöhnte Großstädterin ihre Stil-Ikonen und Labels. *Dress for success*, zeige, wer du bist, heißt von nun an die Devise.
Gleichgültig, welche Richtung: Kleidung spiegelt Status und Ideale wider. Dabei heißt eines der gegenwärtig am häufigsten gebrauchten Zauberwörter in punkto Mode: *Vintage*. Nichts ist angesagter als der Blick zurück. Auch die Liebe zu Selbstgenähtem und Gestricktem ist wieder da. In der *Vogue*, also der *richtigen*, konnte man unlängst lesen, dass es dabei nicht um Trends gehe, sondern um die Wiederkehr eines Lebensgefühls.
Haute Couture und Prêt-à-porter-Mode existieren so einträchtig nebeneinander wie niemals zuvor. Jeder Designer, der etwas auf sich hält, bietet in den großen

Die 2000er Jahre

Unverzichtbar
- *Körperkult*
- *Anti-Aging*
- *High Heels*
- *Vintage-Look*

Das ist neu
- *Verbindung von Mode und Technik*
- *Fashion-Blogs*

Warenhäusern seine aktuelle Kollektion in den Standardgrößen an, industriell gefertigt und bezahlbar.
Auf der anderen Seite haben selbst *Kaffeekonzerne* modische Kleidung und Accessoires mit eigenem Label in ihren Regalen. Fashionblogger informieren global und schnell abrufbar über das, was gerade angesagt ist. Die einzigen Konstanten sind das allgegenwärtige Körperbewusstsein, der Spaß am Genuss und der Hang zur Selbstinszenierung.
Das lässt auf interessante, neue Entwicklungen in Sachen Mode hoffen, denn die wahren Trends entstehen heutzutage wie immer schon spontan auf den Straßen der Welt.

»Alte Stile werden neu interpretiert.«
»Schönheit kennt kein Alter ... und keine Kleidergröße.«
»Zeitloses Design und Modernität treffen sich bei modischen Accessoires, zu denen längst Smartphone und Tablet gehören.«

Vogue, 2000 – 2016

Kleider für heiße Tage

Original-Schnitte aus der SIBYLLE 2 ! 1980

»In unseren körpernahen Hochsommerkleidern machen Sie nicht nur am Strand eine gute Figur. Die Schnitte sind so unkompliziert, daß Sie sich das Kleid selbst dann noch nähen können, wenn Sie von Hitzetagen oder Einladungen zum Sommerfest überrascht werden.«

Die SIBYLLE-Schnitte auf dem Arbeitsbogen sind passend für die DDR-Konfektionsgrößen m 76 und m 82, was heute in etwa einer Größe 38 bzw. 42 entspricht. Bitte vergleichen Sie Ihre Maße vor dem Zuschneiden mit der folgenden Tabelle:

Maßtabelle	Größe m 76	Größe m 82
Körperhöhe	155 bis 164 cm	
Brustumfang	84 cm	90 cm
Taillenumfang	58 cm	70 cm
Gesäßumfang	90 cm	96 cm

Bitte beachten Sie, dass die Schnitte auf dem Arbeitsbogen ohne Nahtzugabe berechnet sind. Schneiden Sie deshalb an allen Kanten 1 cm, für alle übrigen Nähte 2 cm und für die Säume 4 cm an. Bitte schneiden Sie den Bogen nicht auseinander, da einige Schnittteile übereinander gezeichnet sind. Um die gewünschten Teile zu erhalten, gibt es drei Möglichkeiten:

1. Sie übertragen die Teile einzeln auf durchsichtiges Papier.
2. Sie pausen mit Hilfe von Blaubogen.
3. Sie legen unbedrucktes Papier unter den Bogen und zeichnen die von Ihnen benötigten Schnittteile einzeln mit dem Kopierrädchen nach. Auf dem untergelegten Papier werden dann die Konturen sichtbar.

Die geübte Schneiderin weiß, wie viel Naht- bzw. Stoffzugabe nötig ist, wenn sie nicht dem Konfektionsidealmaß entspricht. (Und ehrlich, wer entspricht dem schon?) Sie können die einfachen Schnitte leicht Ihrer Größe anpassen.
Dabei ist es hilfreich, die zugeschnittenen Papierbogen mit einem Kleid, das Ihnen perfekt passt, abzugleichen.
Selbstverständlich können Sie Stoffqualität, Muster und Farben ganz nach Ihren Wünschen wählen.
Die Sommerkleider sind absolut zeitlos und modisch schick – nicht nur für Vintageliebhaberinnen.
Aber hier zählt selbstverständlich auch Ihre Kreativität.

SIBYLLES
EXTRA-SCHNITTE 2'80

Entwurf: Thomas Greis
Redaktion: SIBYLLE
Anfertigung: Helga Perkuhn
Fotos: Claus P. Fischer

Modell 1

Durchgeknöpftes Kleid mit großen, aufgesetzten Taschen

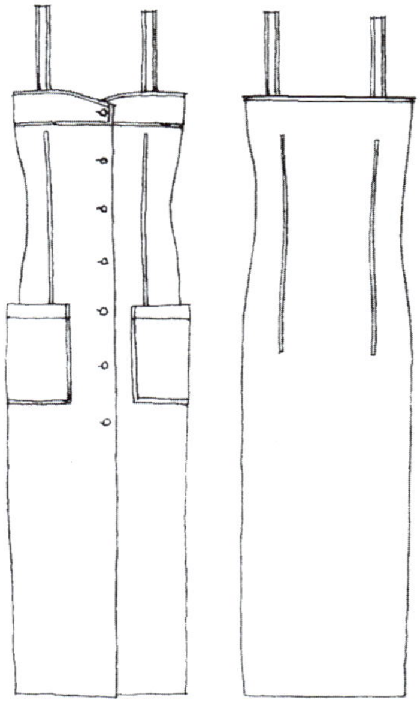

Größe m 76

Stoffverbrauch: 1,25 m Mischgewebe, 140 cm breit

Teil 1: 1 a Vorderbahn mit Belagteil
Teil 2: Vordere Ausschnittblende
Teil 3: 3 a Hinterbahn
Teil 4: Taschenteil

Größe m 82

Stoffverbrauch: 1,25 m Mischgewebe, 140 cm breit

Teil 9: 9 a Vorderbahn mit Belagteil
Teil 10: Vordere Ausschnittblende
Teil 11: 11 a Hinterbahn
Teil 4: Taschenteil

70 cm breit

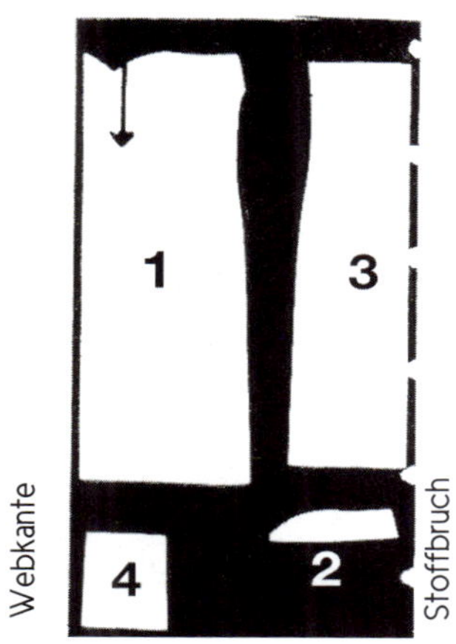

Zuschneiden:

Die Teile der Stoffauflage Nr. 1 gemäß zuschneiden. Die mit »Modell 1« bezeichneten Linien sind maßgebend. Den Taschenteilen oben einen breiten Saum anschneiden. Für die Träger etwa 5 cm breite gerade Stoffstreifen in etwa 42 cm Länge zuschneiden (Nähte zugeben).

Accessoires

Sammelbegriff für modisches Beiwerk wie Schmuck, Schals, Tücher, Gürtel, Handtaschen, Ansteckblumen.

Verarbeitung:

- An den mit Abnähern versehenen Vorderbahnen die angeschnittenen Belagteile in der Bruchlinie über leichten Einlagestreifen nach innen legen, dabei am unteren Rand beide Stofflagen verbinden. Die Stoffstreifen für die Träger zu halber Breite zusammennähen und knappkantig absteppen.
- Die vorderen Ausschnittblenden am unteren Rand und an den vorderen Rändern nahtbreit umheften und den Vorderbahnen oben rechts auf links liegend aufnähen, dabei je zwischen Pfeil → die Träger mitfassen. Die Blenden nach außen legen und liniengemäß sowie vorn je knappkantig aufsteppen. Die oberen Ränder im gleichen Abstand absteppen.
- Der mit Abnähern versehenen Hinterbahn zur Versäuberung oben einen breiten Formstreifen gegensetzen, dabei je bei Pfeil → die Träger mitfassen. Die Hinterbahn oben knappkantig absteppen und den Vorderbahnen anfügen.
- Den Taschenteilen oben die Saumzugabe liniengemäß gegensteppen, im Übrigen die Nahtzugabe nach innen umheften. Die Taschenteile dem Kleid zeichengemäß knappkantig aufsteppen.
- Den unteren Kleidrand saumbreit nach innen umlegen und hohl anstechen. Die Vorderränder knappkantig absteppen und zeichengemäß für Knopfschluss einrichten.

In derselben Sibylle-Ausgabe von 1980, der die Schnitte für die Sommerkleider entnommen sind, werden sechs Blusen nach Entwürfen von Claudia Engelbrecht vorgestellt. Die Fotos von Ute Mahler zählen heute zu den Klassikern der DDR-Modefotografie. Mit Geduld und etwas Glück kann man die entsprechenden SIBYLLE-Schnitte auf Auktionen finden und die zeitlosen Blusen nachschneidern.

SIBYLLE-Schnitt 2-0624
Weiße Bluse mit winzigem Reverskragen und großer Tasche, einlagelos, mit Polstern.

Modell 2

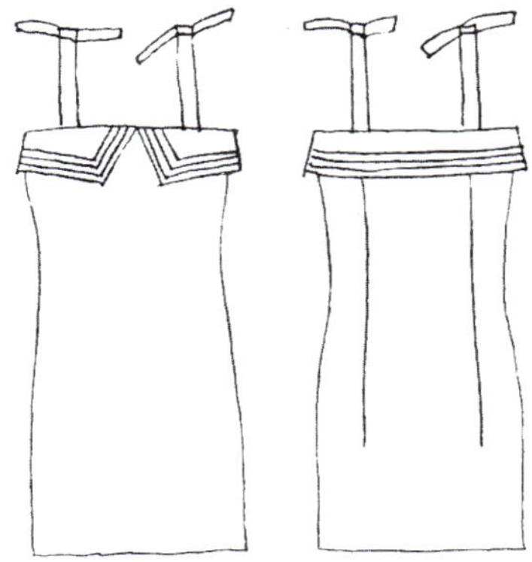

Oberschenkellanges Jerseyhemdchen mit Soutachestreifen auf den Blenden

Größe m 76

Stoffverbrauch: 0,80 m Strickstoff, 140 cm breit, und etwa 2,80 m Litze

Teil 1: 1 a Vorderbahn
Teil 3: 3 a Hinterbahn
Teil 5: Vorderes Ausschnittblendenteil
Teil 6: Hinteres Ausschnittblendenteil

Größe m 82

Stoffverbrauch: 0,80 m Strickstoff, 140 cm breit, und etwa 2,80 m Litze

Teil 9: 9 a Vorderbahn
Teil 11: 11 a Hinterbahn
Teil 12: Vorderes Ausschnittblendenteil
Teil 13: Hinteres Ausschnittblendenteil

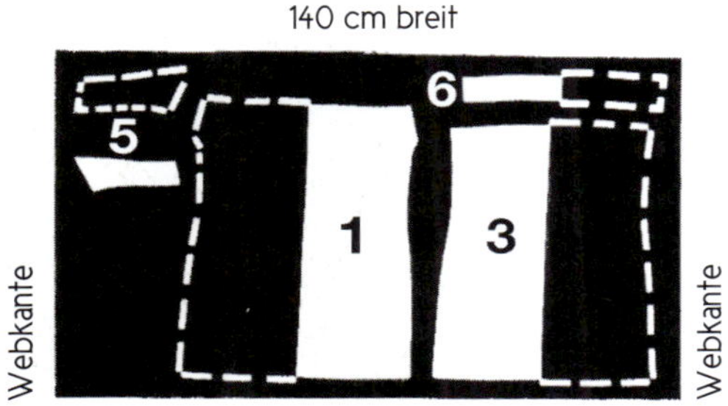

Zuschneiden:

Die Teile der Stoffauflage Nr. 2 gemäß zuschneiden. Die mit »Modell 2« bezeichneten Linien sind maßgebend. Für die Bindebänder werden vier 5 cm breite gerade Stoffstreifen jeweils in etwa 48 cm Länge benötigt (Nähte zugeben).

Verarbeitung:

- Die Vorderbahn mit den Querabnähern, die Hinterbahn mit den Längsabnähern versehen.
- Die Seitennähte schließen, dabei an der rechten Seite unterhalb Pfeil → einen Schlitz offenlassen.
- Die Stoffstreifen für die Bindebänder zu halber Breite zusammennähen.
- Die vorderen Ausschnittblendenteile durch die Seitennähte mit dem hinteren Ausschnittblendenteil verbinden. An den vorderen Blendenrändern sowie am unteren Blendenrand die Nahtzugabe

nach innen umheften. Diese Ränder knappkantig absteppen. Außerdem die Blende dreimal im angegebenen Abstand mit Litze besetzen.

- Die Blende dem oberen Kleidrand aufheften. Die Stoffstreifen für die Bindebänder zu halber Breite zusammennähen.
- Den oberen Kleidrand mit einem breiten gegenzusetzenden geraden Stoffstreifen versäubern, dabei die Blende sowie vorn und hinten je zwischen Pfeil → die Bindebänder mitfassen.
- Zum besseren Halt den oberen Kleidrand unter der Blende knappkantig absteppen. Den unteren Kleidrand saumbreit, danach die Schlitzränder nahtbreit nach innen umlegen und hohl anstechen.

SIBYLLE-Schnitt 2-0625

Sehr kurze, weite Bluse mit Krempelärmeln, seitlichen Schlitzen und zum Revers umgebügelten Besätzen.

Modell 3

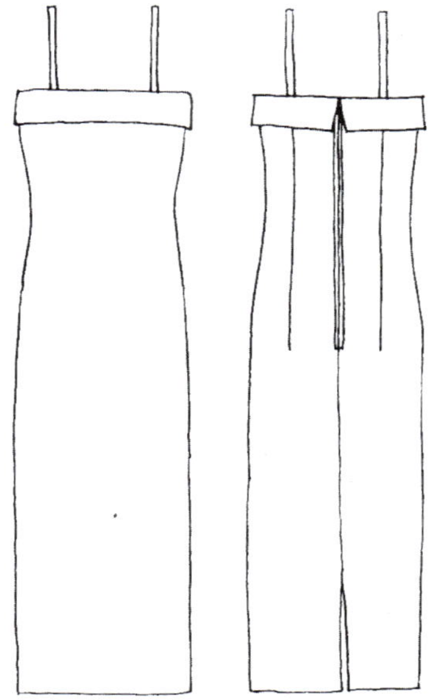

Elegantes Kleid mit loser Ausschnittblende

Größe m 76

Stoffverbrauch: 1,25 m Popeline, 140 cm breit

Teil 1: 1 a Vorderbahn

Teil 3: 3 a Hinterbahn

Teil 7: Blende

Größe m 82

Stoffverbrauch: 1,25 m Popeline, 140 cm breit

Teil 9: 9 a Vorderbahn

Teil 11:11 a Hinterbahn

Teil 14: Blende

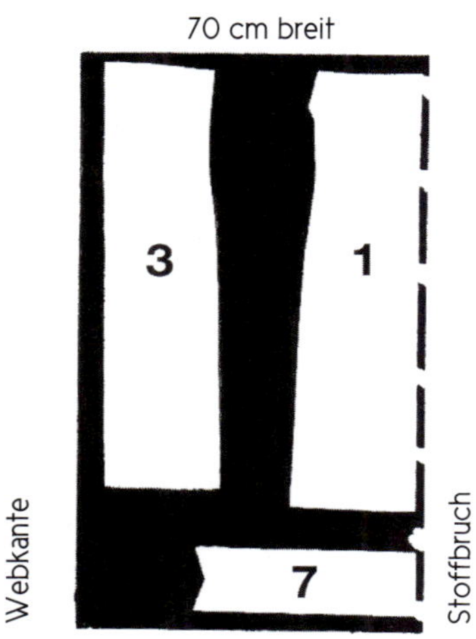

Zuschneiden:

Die Teile der Stoffauflage Nr. 3 gemäß zuschneiden. Die mit »Modell 3« bezeichneten Linien sind maßgebend.
Die Stoffstreifen für die Träger sollen 3 cm breit und etwa 42 cm lang sein (Nähte zugeben).

Verarbeitung:

- An der Vorderbahn die Querabnäher, an den Hinterbahnen die Längsabnäher schließen. Beide Hinterbahnen zwischen Pfeil → durch die Mittelnaht verbinden, dabei beachten, dass das Stück oberhalb des oberen Zeichens Pfeil → für den Schluss, das Stück unterhalb des unteren Zeichens Pfeil → als Schlitz offen bleibt.

- Die Nahtränder breitbügeln bzw. ober- und unterhalb Pfeil → als Belag nach innen umlegen. Die Seitennähte schließen. Die Blende an den Schmalseiten und die Stoffstreifen für die Träger zu halber Breite zusammennähen.
- Dem oberen Kleidrand hinten je die Belagteile gegennähen, dabei zeichengemäß die Blende mitfassen. Jeweils am Belagende die Nahtränder der Blende einknipsen.
- Danach die Blende mit nach außen gerichteten Nahträndern an den oberen Kleidrand nähen, dabei vorn und hinten je zwischen den Zeichen Pfeil → die Träger mitfassen. Zum besseren Halt den oberen Kleidrand unter der Blende knappkantig absteppen. Die hinteren Schlussränder auf die Bandstreifen eines langen Reißverschlusses nähen.
- An den Schlitzrändern unten die angeschnittenen Belagteile der markierten Saumlinie gegennähen.
- Den unteren Kleidrand saumbreit nach innen umlegen und hohl anstechen. Nach Belieben kann das Kleid bildgemäß mit Motiven bemalt werden.

Applikation

Auf Gewebe oder auch Trikotagen aufgenähte Figuren, Muster oder Ornamente.

Modell 4

Feingestreiftes Kleid mit Tütentaschen

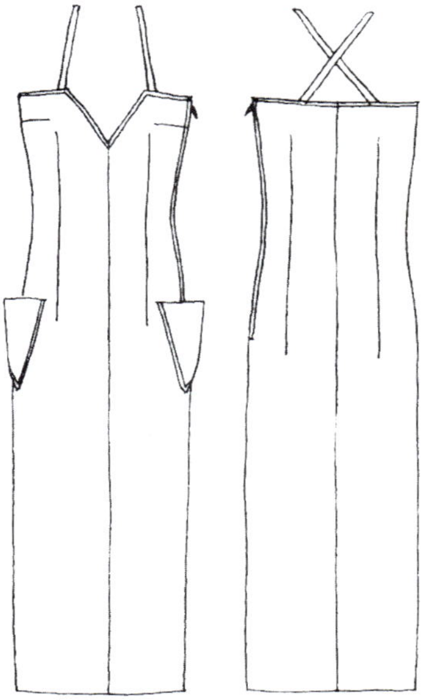

Größe m 76

Stoffverbrauch: 2,65 m längs gestreifte Baumwolle, 90 cm breit

Teil 1: 1 a Vorderbahn
Teil 3: 3 a Hinterbahn
Teil 8: Tasche

Größe m 82

Stoffverbrauch: 2,65 m längs gestreifte Baumwolle, 90 cm breit

Teil 9: 9 a Vorderbahn
Teil 11: 11 a Hinterbahn
Teil 8: Tasche

Zuschneiden:

Die Teile der Stoffauflage Nr. 4 sowie dem Streifenverlauf entsprechend zuschneiden, dabei beachten, dass an den Nähten der Streifen gut zusammenpasst. Die mit »Modell 4« bezeichneten Linien sind maßgebend. Die Stoffstreifen für die Träger sollen 3 cm breit und etwa 42 cm lang sein (Nähte zugeben).

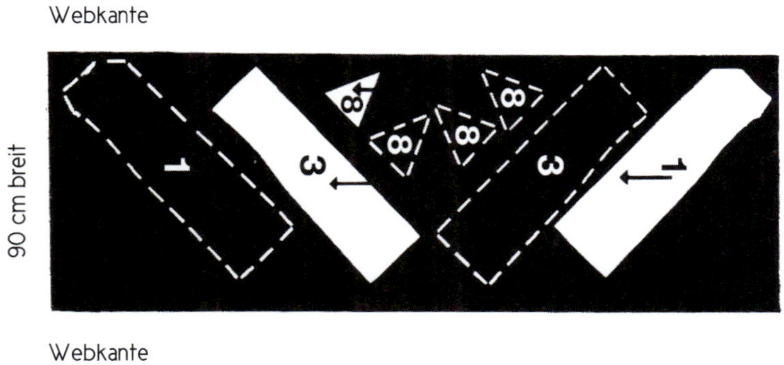

Verarbeitung:

- Beide Vorderbahnen und beide Hinterbahnen durch die Mittelnaht verbinden. Alle Abnäher schließen.
- Durch die Seitennähte die Vorderbahn und die Hinterbahn aneinanderfügen, dabei die linke Seite oberhalb Pfeil → für den Schluss offen lassen.
- Diese Schlussränder auf die Bandstreifen eines Reißverschlusses steppen.
- Die Taschen an den Außenrändern doppeln und dem Kleid liniengemäß knappkantig aufsteppen.
- Die Stoffstreifen für die Träger zu halber Breite zusammennähen und knappkantig absteppen.
- Dem oberen Kleidrand zur Versäuberung gerade Stoffstreifen rechts auf rechts liegend aufsteppen, dabei vorn und hinten je bei den Zeichen Pfeil → die Träger mitfassen. Die Streifen nach innen wenden und an den Nähten hohl anstechen.
- Den oberen Kleidrand knappkantig absteppen. Den unteren Kleidrand hohl säumen.

Modell 5

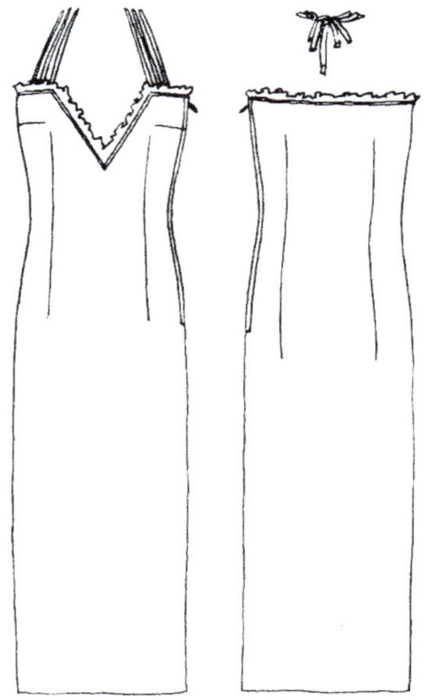

Raffiniertes Kleid mit Rüschen

Größe m 76

Stoffverbrauch: 1,05 m Mischgewebe, 140 cm breit

Teil 1: 1 a Vorderbahn

Teil 3: 3 a Hinterbahn

Größe m 82

Stoffverbrauch: 1,05 m Mischgewebe, 140 cm breit

Teil 9: 9 a Vorderbahn

Teil 11: 11 a Hinterbahn

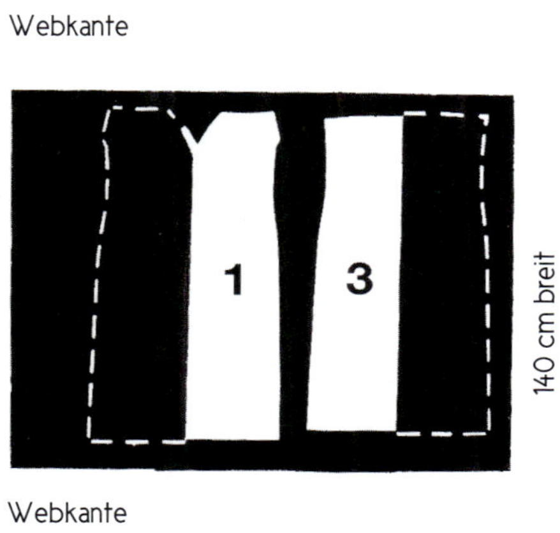

Zuschneiden:

Die Teile der Stoffauflage Nr. 5 gemäß zuschneiden. Die mit »Modell 5« bezeichneten Linien sind maßgebend. Die Stoffstreifen für die sechs Bindebänder sollen je 2 cm breit und etwa 65 cm lang sein. Für die Falbel am oberen Kleidrand 2,5 cm breite, gerade Stoffstreifen zuschneiden und bei Größe m 76 auf etwa 2,20 m, für Größe m 82 auf etwa 2,30 m zusammensetzen. Alle Nähte zugeben.

Verarbeitung:

- An der Vorderbahn und an der Hinterbahn alle Abnäher schließen. Durch die Seitennähte die Vorderbahn mit der Hinterbahn verbinden, dabei an der linken Seite das Stück oberhalb Pfeil → für den

Schluss, an der rechten Seite unterhalb Pfeil → einen Schlitz offen lassen.

- Die linksseitigen Schlussränder auf die Bandstreifen eines Reißverschlusses nähen.
- Die Stoffstreifen für die Bindebänder zu halber Breite zusammennähen und knappkantig absteppen.
- Den Stoffstreifen für die Falbel an einem Querrand sowie an den kurzen Schmalseiten säumen, am anderen Querrand einreihen.
- Dem oberen Kleidrand zur Versäuberung einen Formstreifen gegensetzen, dabei die Falbel und vorn bildgemäß die Bindebänder mitfassen. Den oberen Kleidrand knappkantig absteppen.
- Den unteren Kleidrand saumbreit, danach die Schlitzränder nahtbreit nach innen umlegen und hohl anstechen.

Top

Ein schulterfreies, knappes Oberteil – mit oder ohne Träger.

Lieber Bonbons statt Schule

Fast vierzig Jahre lang hat die SIBYLLE Generationen von Frauen bei der Suche nach dem eigenen modischen Stil begleitet und beraten. Vor allem die Beratung zu einem stilsicheren, typgerechten Auftreten liegt ihr dabei besonders am Herzen.

Schon in den ersten Ausgaben gibt es die *SIBYLLE-Modeschule*, die informiert, was angemessen und angebracht ist, wie Frau oder Mädchen, Kind oder Mann sich zu welchem Anlass kleiden sollten. Das liest sich anfangs noch wie ein ambitionierter Bildungsauftrag: »*Karierte Kleider aus wärmenden Wollstoffen eignen sich nicht für Tanzveranstaltungen ...*« Oh, danke, SIBYLLE, das hätten die Frauen Mitte der 1950er Jahre ohne dich sicher nicht gewusst. Klugerweise überlässt die *Modeschule* ohne jedes weibliche Gezicke und recht schnell ihren Platz dem *SIBYLLE-Modebonbon* - eine geniale Entscheidung. Denn damit bietet das Magazin, das nie als Schnittmuster-Zeitschrift geplant war und sich in all den Jahren seines Erscheinens auch nie so verstanden hat, ganz unspektakulär die Möglichkeit, Modelle und Accessoires nachzuarbeiten. Exklusiv wohlgemerkt. Ob Kleid, Rock oder Hose, Tasche oder Mütze, Hut oder Gürtel – das, was den LeserInnen hier offeriert wird, gibt es ausschließlich in der SIBYLLE. Die Schnittmuster kann man nirgendwo kaufen. Um aktiv zu werden, muss man schon selbst wissen, wie man die Vorgaben umsetzt, Kästchen in Konfektionsgrößen umrechnet oder den Materialbedarf ermittelt.

Modegestalter und Fotografen der SIBYLLE waren davon überzeugt, dass Mode durch den Gebrauchswert bestimmt wird und nicht durch den saisonalen Wechsel.

Krabbelhose

Die hohe Kunst des Selbermachens

Die versierte Hobbyschneiderin schätzt bis heute die Schnittmuster aus dem früheren Verlag für die Frau, was zu einer unübersehbaren Auferstehung der *Totgeglaubten* geführt hat. *Pramo* und *Saison* erzielen bei Online-Auktionen mittlerweile Preise weit über ihrem damaligen Wert. Unangefochtener Spitzenreiter in diesem Zusammenhang ist aber die SIBYLLE. Ein Auktionshaus hat kürzlich einige gebundene Jahrgänge der Zeitschrift – und nicht etwa die vollständigen – mit einem hohen vierstelligen Anfangsgebot aufgerufen.
Es ist müßig, darüber zu sinnieren, ob das alles gerechtfertigt oder nur Bestandteil einer neuen Retro-, Nostalgie- oder Vintagewelle ist. Aber wie man das Ganze auch nennt, es lässt sich nicht bestreiten, dass die Schnitte und Formen der 1950er, 1960er und 1970er Jahre und somit die Entwürfe und Arbeitsanleitungen dieser Jahrzehnte gefragt sind.
Ganz wie vor vierzig oder zwanzig Jahren ist dabei die Modefotografie eine Inspirationsquelle, die als Anregung für den eigenen Kleidungsstil genutzt wird.
Dass einige der abgebildeten, zeitlos-schicken Modelle mithilfe des beigefügten Arbeitsbogens mühelos nachgeschneidert werden können, spricht für die hoch im

Kurs stehende Zeitschrift: Es sind Anleitungen, die bis heute nichts an Genauigkeit und Zuverlässigkeit eingebüßt haben. Egal ob SIBYLLE-Schnitt oder SIBYLLE-Modebonbon, die klassischen, einfachen Schnitte ermöglichen schnellen Erfolg und fordern zugleich die eigene Kreativität heraus. Nicht nur im Hinblick auf Material und Farben, sondern auch auf Accessoires. Dazu gibt es Ideen fürs Nähen, Häkeln, Stricken, Sticken, für Frau, Kind und Mann, für jede Jahres- und Tageszeit ... Das ist mit Sicherheit ein Angebot, dem bis heute kaum einer widerstehen kann.

SIBYLLE in Zahlen:

- Das Modemagazin erscheint vom Herbst 1956 bis Anfang 1995 mit je 6 Ausgaben im Jahr.
- Bis zur Wende kostet jedes Heft 2,50 Mark.
- Die Auflage liegt bei durchschnittlich 250.000 Exemplaren, die stets schnell vergriffen sind; die Zahl der LeserInnen geht in die Million - man reicht das Heft einfach weiter.
- Seit den 1960er Jahren gehören das SIBYLLE-Modebonbon, der SIBYLLE-Schnitt und das SIBYLLE-Strickmodell einfach dazu.

Kapuzenmantel

»Ein Tip für alle, die noch keinen passenden Mantel zu ihrem langen oder weit geschnittenen Festkleid finden können: ein schnell genähter, verschluß- und futterloser Kapuzenmantel.« (Sibylle)

Stoffverbrauch für einen Mantel:
ca. 3,20 m, 160 cm breit

Für die Fotos wurden zwei gleiche Mäntel aus verschieden gemusterten Stoffen übereinander gezogen.

SIBYLLES
MODEBONBON 6'77

Entwurf: Claudia Engelbrecht
Redaktion: SIBYLLE
Anfertigung: Jutta Braband
Fotos: Rudolf Schäfer

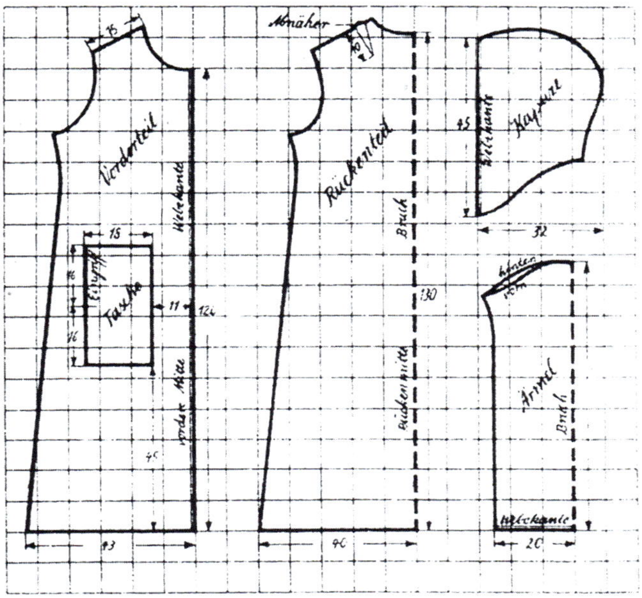

1 Kästchen entspricht 8 cm im Quadrat

Zuschneiden und Nähen:

Die vordere Mantelkante, die Ärmelenden und den Kapuzenrand legt man beim Zuschneiden an die Stoffwebkante und spart so bei dickeren Stoffqualitäten das Umsäumen.

Nacheinander werden die Schulter- und die Ärmelansatznähte, die Seitennähte, Ärmelnähte und die Kapuzenansatznaht mit Kappnähten geschlossen.

Bei der aufgesteppten Tasche lässt man seitlich ein Stück zum Eingriff offen.

Zuletzt wird der Mantelsaum mit der Maschine umgenäht und ein Bindegürtel gefertigt. Das ist alles.

Andere Materialbeispiele für zwei Mäntel, die einzeln oder übereinander getragen werden können, wobei jeder Mantel einmal als Ober- beziehungsweise als *Futter*mantel dienen kann:

1. wolliges, wärmendes, voluminöses *und*
2. feines, dekoratives, vielleicht glänzendes Material

oder

1. Stoff im Farbklang des Festkleides,
2. Stoff des Festkleides selbst.

Es ergeben sich genug Varianten, damit man der Jahreszeit, dem Kleid und dem Anlass entsprechend komplett angezogen ist. Beide Mäntel können auch zu einem Wendemantel miteinander verstürzt zusammengenäht werden.

Das Nähen dieses vielseitig tragbaren Mantels ist einfach, allerdings setzt das Übertragen der Vorlage für den Schnitt einige Schneiderkenntnisse voraus.
Die Vorlage besteht aus 20 mal 19 Kästchen, das entspricht, bei 8 cm pro Quadrat, einer Fläche von 120 cm Breite und 152 cm Höhe. Sie sollten also eine Stoffbreite von 140 cm wählen und mindestens die doppelte Stofflänge (etwa 3,20 m) kaufen.

Das Rückenteil wird im Stoffbruch zugeschnitten. Die angegebenen Maße für eine Rückenhälfte sind 40 cm Breite am Saum und 130 cm Höhe bis zum Hals.
Ein Vorderteil (das Sie natürlich zweimal benötigen) ist am Saum 43 cm breit und bis zum Halsausschnitt 120 cm hoch.
Selbstverständlich können Sie den Mantel nach eigenen Wünschen kürzer bzw. auch länger bis bodenlang anfertigen. Dementsprechend müssen Sie den Stoffverbrauch ausrechnen.
Vergessen Sie nicht, die Nähte zuzugeben. Gleichen Sie Länge und Breite, auch die der Schultern und Ärmel, mit einem Kleidungsstück aus Ihrem Bestand ab. Für diesen Schnitt gibt es keine Konfektionsgrößen, da er leicht anpassbar ist.
Ein guter Tipp ist auch, sich die Schnittteile, bevor es an das Zerschneiden des Stoffes geht, aus dünnem Papier zuzuschneiden und die Größe und Passform zu prüfen.
Wenn Sie sich vor dem Zuschneiden und Nähen ausreichend Zeit nehmen, alles auszumessen und aufzuzeichnen, haben Sie danach in Kürze ein zeitloses, wandelbares Kleidungsstück, das zu den unterschiedlichsten modernen Outfits und vielen Gelegenheiten passt.
Bei Material, Farbe und Design können Sie Ihrer Phantasie freien Lauf lassen, aber immer ist eine weich fallende Stoffqualität die beste Wahl.

In der Sibylle-Ausgabe von 1977, die die Anleitung für den Mantel enthält, stellt die Zeitschrift „Spitzenkleider" vor. Darunter dieses Modell aus Plauener Spitze, das im Modehaus Altenburg gefertigt wurde.

Schick mit SIBYLLE – zeitlos modern

Impressum

ISBN 978-3-89798-502-5

© BuchVerlag für die Frau GmbH,
Leipzig 2016

Fotos: Claus P. Fischer (Titel, S. 29, 32, 34, 36 und 38), Rudolf Schäfer (S. 44, 45), Alejandro Páez (S. 26), fotolia.com (S. 26, 27), Biser Todorov (S. 27), Eva Rinaldi (S.27), alle anderen aus SIBYLLE, Jahrgänge 1956 bis 1994 (Archiv des Verlages und der Autorin)
Schnittmuster und Arbeitsbogen:
SIBYLLE-Schnitt, Ausgabe 2, 1980
SIBYLLE-Modebonbon, Ausgabe 6, 1977
Reproduktion der Fotos: grafotex Leipzig
Reproduktion des Schnittmusterbogens:
Medien Profis Leipzig
Satz und Typografie:
PH 16 – Idee. Konzept. Gestaltung
Druck und Bindung:
Phoenix Print GmbH, Würzburg
Printed in Germany

www.buchverlag-fuer-die-frau.de

Die aus den Sibylle-Ausgaben übernommenen Zitate wurden nicht an die heutige Rechtschreibung angepasst, sondern im Original wiedergegeben.